Petra Bartoli y Eckert

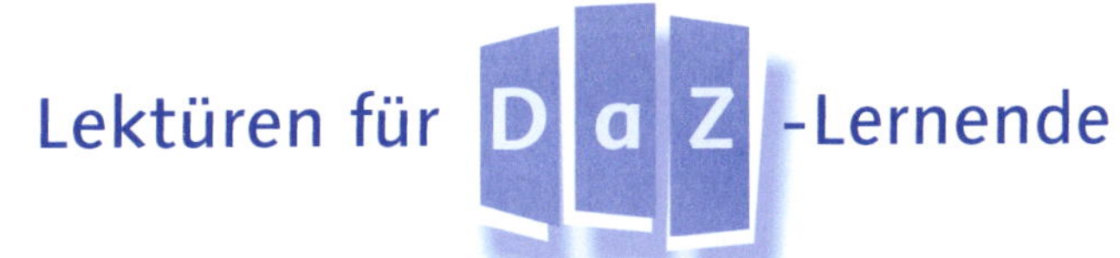

Lektüren für DaZ-Lernende

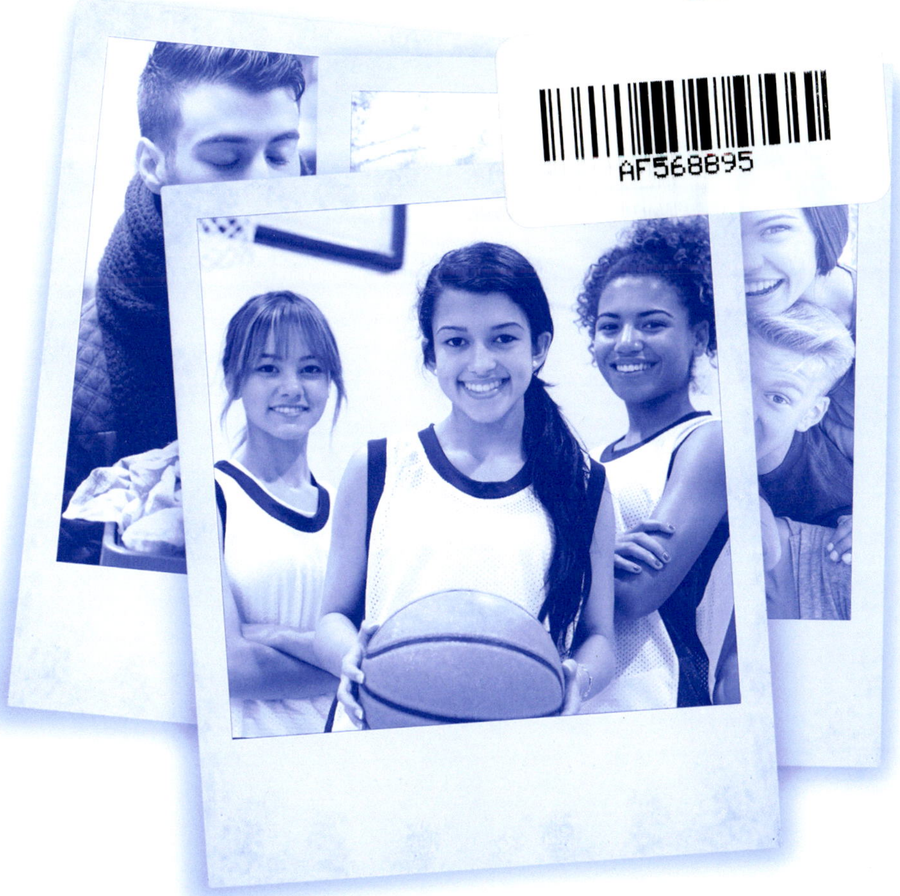

Sport & Freizeit

mit Aufgaben

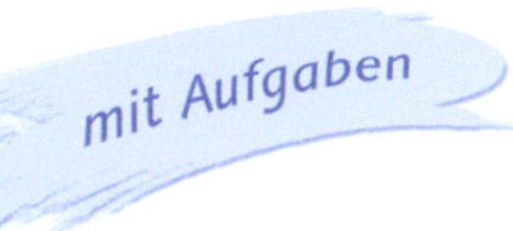

Ein Lesebuch mit kurzen Geschichten für Jugendliche

Verlag an der Ruhr

Titel
Lektüren für DaZ-Lernende – **Sport & Freizeit**
Ein Lesebuch mit kurzen Geschichten für Jugendliche

Autorin
Petra Bartoli y Eckert

Illustrationen
Laura Carleton

Umschlagmotive und Kapiteldeckblätter
© Monkey Business – Fotolia.com (Basketballgruppe); © Mirko – Fotolia.com (Gruppenfoto); © Peter Atkins – Fotolia.com (Junge mit Einkaufskorb); © peshkova – stock.adobe.com (Hintergrund); © vovan – stock.adobe.com (Polaroidrahmen); © Hurca! – stock.adobe.com (Pinselstrich)

Abbildungen im Innenteil
Pinselstrich (Fußzeile): © Hurca! – stock.adobe.com

Druck
Heenemann GmbH & Co. KG, Berlin, DE

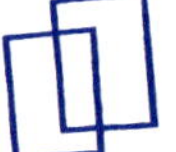

Verlag an der Ruhr
Mülheim an der Ruhr
www.verlagruhr.de

Für Jugendliche ab 12 Jahre

ISBN 978-3-8346-3729-1

Alle im Download befindlichen Vorlagen finden Sie unter:

https://www.verlagruhr.de/Sport-Freizeit/9783834637291#downloads-tab-pane

Download-Icon: © JJAVA – stock.adobe.com

Liebe*r Leser*in,

es macht Spaß, seine Freizeit mit Freund*innen zu verbringen. Oder aktiv zu sein und Sport zu treiben. Dabei kannst du viel erleben. Du kannst entspannen und deinen Kopf freibekommen. Oder du kannst gemeinsam mit anderen Erfolge feiern. Das ist ein gutes Gefühl! Was machst du in deiner Freizeit am liebsten? Welche Sportart gefällt dir?

In diesem Buch findest du fünf Geschichten über Sport und Freizeit.
Die habe ich mir ausgedacht. Aber vielleicht könnte eine Geschichte so oder so ähnlich auch in Wirklichkeit passiert sein. Vielleicht in Frankfurt, Hannover, Dortmund, Nürnberg oder Rostock. Vielleicht aber auch ganz woanders.
Ich wünsche dir viel Freude beim Lesen. Und viel Spaß bei Sport und Freizeit mit Freund*innen.

Herzliche Grüße

Petra Bartoli y Eckert

---

* Der Verlag an der Ruhr legt großen Wert auf eine geschlechtergerechte und inklusive Sprache. Daher nutzen wir neutrale Formulierungen oder das Gendersternchen, um alle Menschen, unabhängig von Geschlecht oder Geschlechtsidentität, einzuschließen. In Texten für Schüler*innen finden sich aus didaktischen Gründen neutrale Begriffe bzw. Doppelformen.

Dieses Lesebuch mit Geschichten zum Thema Freundschaft richtet sich an **12- bis 16-jährige Leser *innen** mit Deutschkenntnissen der Niveaustufe A2 nach dem Europäischen Referenzrahmen.

Es ist für alle Lernenden geeignet, die ihre Sprachkenntnisse anwenden und auf unterhaltsame Art und Weise vertiefen und festigen wollen. Dies kann sowohl in Form des Selbststudiums als auch innerhalb eines Klassen- oder Kursverbandes geschehen.

Der vorliegende Band „Lektüren für DaZ-Lernende – Sport & Freizeit" stellt den **zweiten Band einer Reihe** mit verschiedenen Themenbänden dar. Er besteht aus fünf kurzen Geschichten, die in fünf deutschen Großstädten spielen (Frankfurt, Hannover, Dortmund, Nürnberg und Rostock). Im Mittelpunkt der Geschichten stehen junge Menschen aus unterschiedlichen Ländern, die in Deutschland allmählich Fuß fassen, am Alltag teilhaben und darüber neue Freundschaften knüpfen.

Jeder dieser Geschichten sind **Bearbeitungsaufgaben** nachgestellt, die chronologisch der Handlung folgen. Sie gehören zu den drei Aufgabenformen:

- **Aufgaben zum Leseverstehen,**
- **Grammatikaufgaben und**
- **weiterführende Fragen.**

Mithilfe der Aufgaben können die Lernenden ihr Textverständnis überprüfen, ihre bereits erworbenen Deutschkenntnisse anwenden und erweitern.
Die zugehörigen **Lösungen zur Selbstkontrolle** sind kostenlos als Download erhältlich unter: https://www.verlagruhr.de/Sport-Freizeit/9783834637291#downloads-tab-pane.

Am Ende des Buches befindet sich darüber hinaus eine **Liste mit Worterklärungen** zu schwierigen Wörtern, die das Leseverstehen erleichtern. Diese Wörter sind im Text fett markiert.

- Mit dieser Lektüre-Reihe erhalten Lehrkräfte und Kursleitende selbsterklärendes und einfach aufgebautes Unterrichtsmaterial, das sowohl im Klassenverband als auch innerhalb der individuellen Förderung von Sprachanfängern funktioniert.
- Schüler*innen bietet dieses Lesebuch kompakte und gut zu verstehende Geschichten zum Selberlesen und die Möglichkeit, im eigenen Tempo ihre Kenntnisse zu Wortschatz und Grammatik auszuweiten.

1. Radfahren in Frankfurt

Asmad lebt in Frankfurt am Main. Dort gibt es in der Innenstadt viele sehr hohe Häuser. Die nennt man **Wolkenkratzer**. Die meisten gehören verschiedenen Banken. Asmad wohnt ganz in der Nähe dieser **Wolkenkratzer**. Er findet es schön, seinen Kopf in den Nacken zu legen und bis zum Dach der riesigen Hochhäuser zu sehen.

Was er noch schöner findet, ist sein Fahrrad. Er hat es geschenkt bekommen. Sogar ein **Fahrradschloss** war dabei. Das Fahrrad ist nicht neu. Es ist alt und Asmad musste es erst **reparieren**. Aber das war schnell erledigt. Asmad hatte erst überprüft, was zu tun war. Ein Reifen brauchte Luft. Die Kette musste geölt werden.

Gestern hat er eine **Probefahrt** gemacht. Er trat kräftig in die Pedale. Dann schaltete er vom ersten in den zweiten und dann in den dritten Gang. Alles funktionierte ohne Probleme.

Heute in der Schule ist Asmad besonders gut gelaunt.
„Ich habe jetzt ein Fahrrad", erzählt er seinem Freund Oskar stolz.
„Damit kann ich jetzt alle Wege zurücklegen. Ich brauche mir nicht mehr immer eine teure Fahrkarte für den Bus oder die U-Bahn zu kaufen."

„Wie wäre es mit einer kleinen Fahrradtour am Nachmittag?", schlägt Oskar vor.
„Gute Idee. Ich komme zu dir", meint Asmad.
Oskar hebt seine Hand hoch und Asmad klatscht sie ab.
„Am besten kommst du gleich mittags. Dann kannst du vorher bei uns essen", meint Oskar.

Nach der Schule muss Asmad erst sein Fahrrad holen.
Damit fährt er drei Straßen weiter. Hier wohnt Oskar. Asmad lehnt sein Fahrrad an die Hauswand. Er schließt es mit seinem **Fahrradschloss** ab, damit es niemand stiehlt. Dann klingelt er.

Als Asmad ein Summen hört, drückt er die Haustür auf.
„Dritter Stock links", hört er Oskar durchs Treppenhaus rufen.
Asmad läuft die Stufen nach oben. Oskar steht in der offenen Wohnungstür und grinst.
„Komm rein. Mein Vater hat gekocht."
Asmad **schnuppert**. Es riecht nach Kartoffeln und Käse.

Er folgt Oskar in die Küche. Dort steht Oskars Vater am Herd und rührt mit einem Kochlöffel in einer Pfanne.
„Mein Vater kann gar nicht kochen. Er würde es gern können. Aber es gelingt ihm nicht immer", sagt Oskar und zwinkert Asmad zu.
„He, sei nicht so frech", lacht Oskars Vater und wirft ein **Geschirrtuch** nach seinem Sohn.

Oskar fängt das **Geschirrtuch** in der Luft auf und grinst.
„War nur ein Witz. Mein Vater ist ein toller Koch", sagt Oskar.
Oskars Vater gibt Asmad einen Teller und alle setzen sich an den Tisch.

Das Essen schmeckt sehr gut. Oskars Vater kann wirklich kochen.
„Jetzt müssen wir aber los", sagt Oskar, als alle ihre Teller leer gegessen haben.
Während Asmad und Oskars Vater den Tisch abräumen, füllt Oskar eine Trinkflasche mit Wasser.
„Die nehmen wir mit", meint er und schraubt den Deckel fest.

„Wohin fahren wir?", fragt Asmad, der noch nicht weiß, welche Strecke Oskar sich ausgedacht hat.
„Wir fahren in den **Taunus**. Da gibt es ein paar tolle Steigungen. Dann kannst du gleich mal zeigen, ob du Kondition hast", lacht Oskar.

Asmad wartet bei seinem Fahrrad, während Oskar sein Rad aus dem Fahrradkeller holt. Als Oskar sein Fahrrad vor dem Haus abstellt, staunt Asmad. Oskar hat ein Mountainbike.

„27 Gänge. Und eine super Federung", erklärt Oskar stolz. Asmads Fahrrad sieht dagegen ziemlich klapprig aus. Aber das ist Asmad egal. Es kommt schließlich vor allem auf den Fahrer an, findet er.

Die beiden fahren los. Erst geht es durch die Stadt. Immer wieder muss Asmad anderen Radfahrern ausweichen. Er überholt Spaziergänger mit Hunden. Oskar fährt ein Stück vor ihm.

Nach einiger Zeit lassen sie die Stadt hinter sich. Asmad lässt seinen Blick schweifen. Er findet die Natur hier sehr beruhigend. Jetzt ist es auch nicht mehr flach. Immer wieder geht es einen kleinen Berg hoch. Asmad schaltet vom dritten in den zweiten Gang zurück. Er hat einen guten Rhythmus gefunden und tritt gleichmäßig.

„Los, ein bisschen schneller", ruft Oskar.
Der Abstand zwischen Asmad und Oskar wird etwas größer. Dann bemerkt Asmad, dass Oskar langsamer wird. Asmad holt auf. Bald hat er seinen Freund wieder erreicht. Einige Kilometer fahren die beiden direkt hintereinander.

Als es wieder bergauf geht, fährt Oskar plötzlich noch langsamer. Gleich darauf rollen beide ein Stück bergab. Bei der nächsten **Steigung überholt** Asmad. Über seine Schulter hinweg ruft er: „Ich fahre ein Stück vor!"
Oskar nickt. Er braucht seine Luft, um den kleinen Berg hochzukommen. Darum kann er nicht antworten.

Asmad fühlt sich gut. Das Radfahren macht ihm Spaß.
Vor dem nächsten Berg schaltet er noch einen Gang nach unten.
So schafft er den Anstieg ohne Probleme. Oben angekommen, bleibt Asmad stehen. Er blickt sich um.
Oskar ist noch nicht da. Asmad kann ihn aber sehen. Sein Freund strampelt kräftig. Dabei blickt er angestrengt auf die Straße.
Asmad schlägt seine Fahrradklingel an. Er sieht, wie Oskar seinen Kopf hebt und in seine Richtung schaut.
„Gib Gas!", ruft Asmad ihm zu und winkt.
Eine Minute später hat auch Oskar den Berg geschafft.
„Mann, bist du schnell", keucht er, als er bremst und von seinem Fahrrad steigt.
„Ich habe starke Muskeln", meint Asmad und klopft sich auf seine Beine.

„Ja, ja", murmelt Oskar. Er hat einen roten Kopf und atmet immer noch schnell.
„Gut, dass es auf dem Heimweg vor allem bergab geht", keucht er und wischt sich den Schweiß von der Stirn.
Oskar greift nach seiner Trinkflasche und nimmt einen großen Schluck. Dann reicht er die Flasche an Asmad weiter.
„Danke." Asmad nickt und trinkt. Das tut gut!
„Lass uns umkehren", schlägt Oskar vor.
Die beiden schwingen sich wieder auf ihre Räder und machen sich auf den Weg. Weil es jetzt die meiste Zeit bergab geht, sind sie viel schneller als vorher. Asmad lässt Oskar die gesamte Strecke vorfahren.
Als sie Frankfurt erreichen, ist Asmad froh, dass sein Freund vorn ist. Denn Oskar kennt sich hier einfach viel besser aus.
Vor Oskars Haus verabschieden sich die Freunde.
„Das war eine schöne Fahrradtour", sagt Asmad.

Am nächsten Tag in der Schule wartet Oskar schon am Eingang auf Asmad. Neben Oskar steht Paul.
„Oskar hat mir von eurer Fahrradtour in den **Taunus** erzählt", grinst Paul. „Er meint, dir machen Berge gar nichts aus."
Asmad zuckt mit den Schultern.
„Welche Berge?", fragt er dann.
Oskar reißt die Augen auf.
„He, das waren ziemlich hohe Anstiege!", beschwert er sich.
Asmad grinst. „War doch bloß ein Witz", sagt er und klopft seinem Freund auf die Schulter. Jetzt muss auch Oskar grinsen.
„Das nächste Mal bin ich schneller als du!", ist Oskar sicher.
„Abwarten", mischt sich Paul ein und die drei lachen.

➜ Arbeitsaufträge:

1. Hast du das im Text gelesen? Kreuze an:

	Ja	Nein
Asmad lebt in Frankfurt in der Nähe von Wolkenkratzern.	❑	❑
Asmad hat sich ein Fahrrad gekauft.	❑	❑
Bei dem Fahrrad war auch ein Fahrradschloss dabei.	❑	❑
Oskar schlägt vor, eine Fahrradtour zu machen.	❑	❑
Oskar holt Asmad zu Hause ab.	❑	❑
Oskars Vater hat gekocht.	❑	❑
Asmad und Oskar wollen zusammen in den Spessart fahren.	❑	❑
Oskar fährt erst voraus.	❑	❑
Asmad kommt nach Oskar oben auf dem Berg an.	❑	❑
Asmad findet, dass er starke Muskeln hat.	❑	❑

2. Welche Reparaturen macht Asmad an seinem Fahrrad?

Er ....

Er ....

3. Wer sagt was? Ordne zu:

- „Dritter Stock links."
- „Mein Vater ist ein toller Koch."
- „Gib Gas!"
- „Welche Berge?"
- „Abwarten."

Oskar: ....

Asmad: ....

Asmad: ....

Oskar: ....

Paul: ....

4. Was passt zusammen? Verbinde.

besonders hohe Hochhäuser ☐	☐ Steigung
Strecke, die bergauf führt ☐	☐ Fahrradtour
mit dem Fahrrad einen Ausflug machen ☐	☐ Minute
Zeitabschnitt, der 60 Sekunden dauert ☐	☐ Oberschenkel
Körperteil zwischen Knie und Hüfte ☐	☐ Wolkenkratzer
Gefäß, aus dem man trinken kann ☐	☐ Flasche

5. Was tut Asmad alles? (Verben finden) Kreise ein:

reparieren	froh
schnuppern	lachen
Spaß	ziemlich
fahren	schnell
warten	Fahrrad
trinken	Haus

6. Wie ist Asmad? (Adjektive finden) Kreise ein:

verwundert	stark
froh	zeigen
erzählen	bergab

7. Gefällt dir Sport? Welche Sportart magst du? Schreibe auf:

....

....

8. Beantworte folgende Fragen:

◎ Wie viele Gänge hat Asmads Fahrrad?

....

◎ Wie viele Gänge hat Oskars Fahrrad?

....

◎ Wohin wollen Asmad und Oskar fahren?

....

◎ Was nimmt Oskar mit auf die Fahrradtour?

....

◎ Wer ist als Erster oben auf dem Berg?

....

**9. Am Ende der Geschichte macht Asmad einen Witz.
Wie fühlt man sich, wenn man Witze macht?
Kreise ein:**

schlecht	müde
fröhlich	wütend
glücklich	neidisch
unruhig	traurig

2.

Stadtmarathon in Hannover

„Los, Amara!"
Die Mädchen aus Amaras Klasse stehen am Sportplatz neben der 100-Meter-Bahn. Sie feuern Amara an. Frau Rose, die Sportlehrerin, steht mit einer Stoppuhr am Ziel. Als Amara über die Linie tritt, stoppt sie die Zeit. „12,9 Sekunden. Das ist eine großartige Leistung", staunt Frau Rose.

Alle Mädchen aus der Klasse kommen auf Amara zu. Sie klopfen ihr auf die Schultern und lächeln. Amara weiß, dass sie schnell laufen kann. Sie kann sogar mit den Jungen mithalten! Aber heute laufen nur die Mädchen. Die Jungen haben jetzt Schwimmen.

Amara lebt erst seit einem halben Jahr in Hannover. Seit diesem Schuljahr besucht sie die zehnte Klasse der Gesamtschule in ihrem Stadtviertel. In vielen Schulfächern hat sie noch Schwierigkeiten. Sie muss sich erst an die Lehrkräfte und das Lernen hier in Deutschland gewöhnen. Aber in dem Fach Sport fällt ihr alles leicht.

„Du hast **Talent**", meint Frau Rose, die sich nun neben Amara stellt.
„So, jetzt möchte ich sehen, wie viel Ausdauer ihr habt. Stellt euch auf. Wir machen noch einen 800-Meter-Lauf."
Frau Rose winkt die Schülerinnen zu sich.

„Muss das sein", mault Julia, die mit Amara in eine Klasse geht.
„Du schaffst das", sagt Amara und nickt Julia zu.
„Du hast leicht reden. Du bist fit wie ein Turnschuh.

Aber mir geht schon nach 100 Metern die **Puste** aus", jammert Julia weiter.

„Los, los!"
Frau Rose klatscht in die Hände und deutet mit dem Kopf zur Startlinie. Die Mädchen stellen sich dahinter auf und warten auf das Startsignal.
„Auf die Plätze", fängt Frau Rose an zu rufen, „fertig, los!"
Die Schülerinnen fangen an zu laufen. Wenige Sekunden nach dem Start ist Amara an der Spitze der Gruppe. Alle anderen versuchen aufzuholen. Doch der Abstand zwischen Amara und ihren Mitschülerinnen wird immer größer.

„War ja klar“, keucht Julia und beißt die Zähne zusammen. Da dreht Amara sich während des Laufens um. „Los! Weiter!“, ruft sie. „Ich versuch' es ja“, murmelt Julia und läuft weiter. Amara kommt wie erwartet als Erste ins Ziel. Hinter ihr laufen Rika und Aylin über die Linie.

Frau Rose schaut auf ihre Stoppuhr.
„Amara, du hast auch im **Mittelstreckenlauf** eine hervorragende Zeit. 3 Minuten, 42 Sekunden. Toll!“
Nach und nach laufen auch die anderen über die Ziellinie.

„So, Schluss für heute“, sagt Frau Rose.
Die Mädchen machen sich auf den Weg zu den **Umkleiden**.
Da ruft Frau Rose ihnen hinterher: „In vier Wochen ist doch der Hannover-Marathon. Wie wäre es, wenn ein paar von euch mitmachen?“
Die meisten Mädchen schütteln den Kopf und gehen. Amara bleibt stehen und dreht sich zu Frau Rose um. Auch Rika und Aylin sind neugierig.
„Für mich ist das nichts“, sagt Julia und will auch zum Umziehen gehen.

„Warte!“ Amara lächelt Julia an. Deshalb bleibt diese nun doch stehen.
„Es gibt bei diesem Marathon auch eine 10-Kilometer-Strecke. Die könnten alle von euch schaffen“, sagt Frau Rose.
„Läuft man da nicht direkt am Maschsee entlang?“, will Rika wissen. Frau Rose nickt.
Aylin zögert.
„Das kostet doch Geld. Eine Startgebühr, meine ich.“

Doch Frau Rose hat einen Vorschlag: „Ihr könnt für die Schule starten. Dann finden wir bestimmt jemanden, der die Kosten übernimmt."

„Aber zehn Kilometer! Das schaffe ich nie", murmelt Julia.
„Ich helfe dir. Wir können trainieren", flüstert Amara ihr zu.
Julia ist noch nicht überzeugt.
„Du hast auch heute durchgehalten", erinnert Frau Rose sie.
Julia überlegt. Dann lächelt sie Amara an.
„Stimmt. Und es hat mir geholfen, dass Amara mir Mut gemacht hat."
Frau Rose sieht die vier Mädchen an. „Na, was ist? Wer will sich anmelden? Wenn ihr wollt, kann ich euch beim Vorbereiten helfen."

Amara spürt, dass ihr Herz vor Freude und Aufregung klopft.
„Ich mache mit", sagt sie deshalb.
Aber es wäre wirklich schön, wenn Julia auch mitmachen würde.
Amara mag Julia.
„Na gut, ich bin dabei", sagt Julia dann.
Amara lacht erleichtert. Rika und Aylin wollen auch mitmachen.

Am späten Nachmittag wartet Frau Rose schon auf Amara, Julia, Rika und Aylin.
„Wir beginnen ganz langsam. Erst laufen wir zehn Minuten. Dann gehen wir eine Minute. Das wiederholen wir ein paar Mal. Seid ihr bereit?", fragt Frau Rose.
Alle nicken. Los geht's! Laufen und immer wieder gehen schaffen alle ganz leicht. Kaum hat das Training begonnen, ist auch schon eine Stunde um. Die Zeit ist wie im Flug vergangen!

Die Mädchen treffen sich 3-mal die Woche mit Frau Rose. Jedes Mal laufen sie länger. Und alle werden immer besser. Sogar Julia kann nach einer Weile gut mithalten.

Endlich ist der große Tag da. Amara ist sehr aufgeregt. Sie kann zum Frühstück nichts essen. Ihr ist ziemlich schlecht.

Hinter dem Rathaus ist der Start. Dort warten Julia, Rika und Aylin schon auf Amara. Auch Frau Rose ist da. Und noch unglaublich viele andere Menschen. Amara staunt.
„Ich drücke euch die Daumen", sagt Frau Rose.
Es geht los! Amara läuft schnell. Doch ihre Beine fühlen sich schwer an. Sie merkt, dass sie heute nicht gut in Form ist. Was ist nur mit ihr los? Rika und Aylin überholen Amara. Als sie am Ufer des Maschsees entlangläuft, kommt Julia an ihre Seite. Sie wirft Amara einen besorgten Blick zu.
„Alles in Ordnung bei dir?", fragt sie. Amara nickt erst. Doch dann schüttelt sie den Kopf. Amara wird langsamer. Schließlich bleibt sie stehen. Auch Julia läuft nicht weiter.
„Was ist denn los?", fragt sie ganz außer Atem.

Amara zuckt mit den Schultern.
„Ich hatte heute einfach keinen Appetit. Ich glaube, ich konnte vor Aufregung nichts essen. Darum habe ich jetzt keine Kraft."
Julia nimmt Amaras Hand.
„Du darfst jetzt nicht aufgeben. Komm, dort vorn gibt es Obst und etwas zu trinken. Wir gehen gemeinsam hin."

Julia zieht Amara mit sich. Nach wenigen Minuten haben sie den Tisch erreicht, an dem es für die Laufenden Essen und Trinken gibt. Julia schnappt sich eine Banane und hält sie Amara hin.

Ja, wirklich, Essen tut gut! Amara merkt, dass sie sich langsam wieder besser fühlt.
„Aber du musst doch laufen“, sagt sie plötzlich und klopft Julia auf den Arm.
„Wenn es dir besser geht, laufen wir zusammen weiter“, sagt Julia nur.
Es fühlt sich gut an, dass Julia auf sie wartet. Das wirkt genauso wie die Banane. Amara merkt, dass ihre Kräfte zurückkommen.
„Geht wieder“, sagt sie und dehnt kurz ihre Muskeln.
Amara und Julia laufen los. Sie laufen nicht besonders schnell. Aber sie laufen die gesamte restliche Strecke. Gemeinsam kommen sie am Ziel an. Als Amara und Julia über die Ziellinie laufen, reißt Julia ihre Arme hoch.

„He, wir haben es geschafft!“, ruft sie.
Amara grinst. Ja, und diesmal hat Julia ihr Mut gemacht.
Sie nimmt Julias Hand und drückt sie dankbar. Ein paar Schritte weiter sieht sie Frau Rose, Rika und Aylin. Sie winken.
„Nächstes Jahr machen wir wieder mit. Das war toll!“, sagt Julia. Amara nickt. Das findet sie auch.

→ Arbeitsaufträge:

1. Was kann Amara gut? Kreuze an:

- ❑ Sie kann gut schwimmen.
- ❑ Sie kann gut kochen.
- ❑ Sie kann gut laufen.
- ❑ Sie kann gut rechnen.
- ❑ Sie kann gut springen.

2. Wie lange braucht Amara für 100 Meter? Schreibe auf:

Sie ....

Wie lange braucht Amara für 800 Meter? Schreibe auf:

Sie ....

3. Amara macht einem anderen Mädchen Mut.
Wie heißt dieses Mädchen? Kreuze an:

- ❑ Rika
- ❑ Julia
- ❑ Aylin

4. Ein richtiger Marathon ist über 40 km lang.
Wie lang ist die Strecke, die Amara laufen will?
Schreibe auf:

....

....

5. Welches Wort fehlt hier? Ergänze:

aufgeregt, Ziel, fühlt, Frühstück, Banane

Amara ist am Morgen des Marathons ....

Deshalb isst sie am Morgen kein ....

Julia merkt, dass Amara sich nicht gut ....

Amara macht eine Pause und isst eine ....

Am Schluss kommen Amara und Julia gemeinsam ins ....

6. Fülle in die Lücken (Konjugation sein/haben):

ist/sind/hat/haben

Amara .... eine schnelle Läuferin.

Julia und Rika .... nicht so schnell wie Amara.

Julia .... etwas Angst vor dem Marathon.

Amara .... Schwierigkeiten während des Marathons.

.... sie krank?

Amara und Julia .... Freundinnen.

Deshalb will Julia Amara helfen. Sie .... eine Idee.

Rika und Aylin .... schon vor Amara und Julia im Ziel.

Am Ende .... alle den Marathon geschafft.

7. Was passt zusammen? Verbinde:

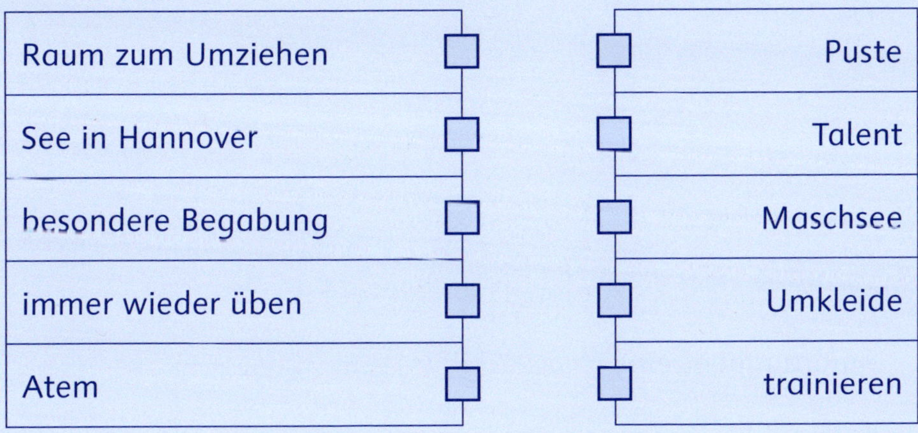

8. Wer sagt was? Ordne zu:

- „Du hast Talent."
- „Läuft man da nicht direkt am Maschsee entlang?"
- „Wir können trainieren."
- „Ich drücke euch die Daumen."
- „Geht wieder."
- „He, wir haben es geschafft!"

Frau Rose: ....

Frau Rose: ....

Amara: ....

Amara: ....

Julia: ....

Rika: ....

9. Richtig oder falsch? Kreuze an:

	Richtig	Falsch
Am besten läuft man einen Marathon in Sandalen.	❑	❑
Es ist wichtig, vor einem langen Lauf etwas zu essen.	❑	❑
Für einen Marathon braucht man wenige Minuten.	❑	❑
Ein echter Marathon ist 20 km lang.	❑	❑
Für einen Marathon muss man trainieren.	❑	❑

3. Kicken in Dortmund

Khaled wohnt in Dortmund. Er mag die Stadt. Besonders die Innenstadt gefällt ihm. Er geht gern den Westenhellweg entlang. Dort gibt es viele Geschäfte. Auch heute ist Khaled wieder im Zentrum von Dortmund unterwegs. Er sieht sich die Dinge an, die in einem **Schaufenster** liegen. Da klingelt Khaleds Handy. Wer das wohl sein kann?

Khaled sieht, dass Vitus anruft. Er nimmt das Gespräch an.
„Hallo", begrüßt er den Anrufer. Er kennt Vitus aus dem Jugendzentrum, in das er manchmal geht.
„He, Khaled, hast du heute Nachmittag Zeit?", fragt Vitus.
Klar, Khaled hat Zeit. Aber wofür?

„Magst du vorbeikommen? Wir könnten eine Runde **zocken**", sagt Vitus.
„**Zocken**? Was ist das?", fragt Khaled.
Er hört, wie Vitus lacht.
„**Zocken** ist ein anderes Wort für spielen. Hast du Lust?"
„Was möchtest du spielen?", will Khaled wissen.
„Lass uns **kicken**", schlägt Vitus vor.
Wieder versteht Khaled nicht, was Vitus meint.
„Fußball spielen. Was hältst du davon?", fragt Vitus.

Aha, jetzt hat Khaled verstanden. Und natürlich hat er Lust.
Er ist ein guter Fußballspieler. Deshalb sagt er zu.
„Komm doch gleich vorbei", meint Vitus.
„Ich muss erst noch meine Sachen holen", antwortet Khaled.
„Wieso? Was brauchst du denn?" Vitus klingt erstaunt.
Aber dann muss er auflegen.
„Meine Mutter ruft gerade. Also, bis später."

Khaled freut sich. Er beeilt sich. Zu Hause nimmt er seinen Fußball. Bestimmt hat Vitus selbst einen Ball. Darum hat er wahrscheinlich nachgefragt, was Khaled holen will.
Aber Khaled will gern mit seinem eigenen Ball spielen.
Der ist neu. Und seine Turnschuhe zieht Khaled auch an.
Mit **Flip-Flops** kann er nicht spielen.

Eine Dreiviertelstunde später steht Khaled vor dem Haus, in dem Vitus wohnt. Er klingelt bei „Hartmann". Es summt. Khaled drückt gegen die schwere Haustür und läuft die Treppen nach oben. Im vierten Stock ist die Wohnungstür nur angelehnt.
„Komm rein!", hört Khaled Vitus rufen.
Khaled betritt die Wohnung.

„Hallo?", fragt er vorsichtig, weil er niemanden entdecken kann.
„Ich bin in meinem Zimmer", ruft Vitus.
Khaled kratzt sich am Kopf. Sie wollten doch Fußball spielen.
Ob Vitus sich noch umziehen muss?
Khaled streift seine Schuhe von den Füßen und stellt sie neben der Wohnungstür ab. Dann geht er auf Socken den Flur entlang.
Die zweite Tür rechts ist offen. Er tritt unsicher ein.

Vitus sitzt am Schreibtisch. Er hat die Vorhänge vor dem Fenster zugezogen. Darum ist es im Zimmer fast dunkel.
„Los, setz dich. Ich habe schon alles vorbereitet", sagt Vitus, ohne sich umzudrehen.

„Aber wir wollten doch Fußball spielen", sagt Khaled und kommt zögernd näher.
„Genau!", meint Vitus.
Auf dem Schreibtisch steht ein Computerbildschirm.
Vitus deutet darauf. „Ich hoffe, du kannst richtig gut **kicken**!"
Vitus lacht. Khaled sieht auf den Bildschirm. Dort ist ein Fußballfeld zu sehen.
Khaled klatscht sich mit der Hand auf die Stirn.
„Ach so. Du willst Fußball am Computer spielen!"

„Natürlich. Was dachtest du denn?", fragt Vitus und dreht sich zu Khaled um.
Khaled lacht verlegen. „Ich dachte, wir spielen richtig Fußball. Draußen. Mit einem echten Ball."
Khaled hält Vitus seinen Ball entgegen.
„Oh!" Vitus macht große Augen.

„Hast du keine Lust auf das Computerspiel?", will er wissen. Khaled überlegt. Er hat noch nie Fußball am Computer gespielt. Ob er das kann?
„Du musst es mir erklären", sagt er darum.
Vitus grinst. Dann steht er auf und holt einen zweiten Stuhl. Khaled legt seinen Fußball auf den Boden. Beide setzen sich an den Schreibtisch. Vitus gibt Khaled ein kleines Gerät mit vielen Knöpfen.

„Das ist ein Controller. Damit kannst du deine Fußballspieler steuern."
Vitus zeigt Khaled, welche Knöpfe er drücken muss.
„Probieren wir es erst einmal aus. Hier kannst du trainieren."
Vitus drückt einige Knöpfe auf seinem Controller.

Jetzt erscheint auf dem Bildschirm ein Fußballspieler.
Khaled übt, wie er den Mann bewegen und wie er auf das Tor schießen kann. Das macht richtig Spaß!
Khaled hat das Wichtigste verstanden.
„Jetzt kannst du dir aussuchen, welche Mannschaft du sein möchtest“, sagt Vitus.
Khaled staunt. Er weiß sofort, welches Team er auswählen wird:
„Ich spiele mit dem **FC** Barcelona.“
Vitus lacht. Er wählt den **FC** Liverpool. Das Spiel kann beginnen.
Khaled schaut konzentriert auf den Bildschirm. Er versucht, seine Spieler über das Spielfeld zu lenken. Das ist gar nicht so einfach! Vitus schießt das erste Tor.
„Eins zu null für Liverpool!“, jubelt er.
Khaled seufzt.
Aber dann holt Khaled auf. Es steht eins zu eins.
Khaled gibt sich wirklich Mühe. Doch Vitus ist einfach besser.
Er gewinnt das Spiel am Ende drei zu eins.
„Du warst trotzdem gut“, findet Vitus. „Es war ja auch dein erstes Spiel.“

Das findet Khaled auch. Das Computerspiel hat ihm Spaß gemacht. Vitus schielt zu Khaled.
„Wollen wir noch eine Runde spielen?“, fragt er.
Khaled zuckt mit den Schultern.
„Oder magst du vielleicht Autorennen spielen?
So ein Spiel habe ich auch“, schlägt Vitus vor.
Khaled zuckt wieder mit den Schultern.

„Dann mach du einen Vorschlag“, meint Vitus.
Er verschränkt seine Arme und lehnt sich zurück.
Khaled räuspert sich.

„Wir könnten doch jetzt nach draußen gehen.
Um richtig Fußball zu spielen“, schlägt er vor.
Vitus senkt seinen Kopf und schaut auf den Boden.
Er denkt nach.

„Ich kann nicht so gut Fußball spielen“, murmelt er.
„Ach so“, sagt Khaled.
Dann klopft er Vitus auf die Schulter.
„Du hast mir gezeigt, wie das Computerspiel geht.
Jetzt kann ich dir zeigen, wie man richtig Fußball spielt.
Einverstanden?“
Khaled grinst. Da hebt Vitus seinen Kopf. Er nickt langsam.

„Na gut. Das ist ja wohl ein fairer Deal“, meint er.
„Was ist das?“, fragt Khaled.
„Na, gerecht eben. Erst habe ich dir etwas gezeigt.
Jetzt zeigst du mir etwas. Dann ist jeder von uns mal der Bessere. Das ist fair. Und ein Deal ist eine Abmachung.
Also, abgemacht!“
Vitus hält eine Hand in die Luft. Khaled klatscht sie ab.

Dann steht Khaled auf und schiebt seinen Ball zu Vitus hin.
Vitus grinst. Er stellt sich direkt hinter den Ball und holt aus.
Kräftig tritt er gegen den Ball. Der Ball fliegt in hohem Bogen durch das Zimmer. Mit einem lauten Knall donnert er gegen die Zimmertür.

„Au!“, schreit Vitus. Er hält sich seinen Fuß und hüpft im Zimmer herum. Ohne Schuhe sollte man nicht gegen einen Lederball treten!

Khaled kichert: „Ich muss dir noch viel zeigen."
Vitus boxt Khaled in die Seite.
„Na los, worauf wartest du noch?", fragt er.
Dann gehen die beiden in den Flur, um ihre Turnschuhe anzuziehen.

➜ Arbeitsaufträge:

1. Was stimmt? Kreuze an:

Wo ist Khaled am Anfang der Geschichte unterwegs?

- ❑ in der Innenstadt von Düsseldorf
- ❑ in der Umgebung von Dortmund
- ❑ in der Innenstadt von Dortmund

Woher kennt Khaled Vitus?

- ❑ aus der Schule
- ❑ aus dem Jugendzentrum
- ❑ aus der Nachbarschaft

Was holt Khaled, bevor er zu Vitus geht?

- ❑ seinen Fußball
- ❑ seinen Fahrradhelm
- ❑ seine Mütze

Welche Schuhe zieht Khaled an?

- ❑ Flip-Flops
- ❑ Sandalen
- ❑ Turnschuhe

Wie heißt Vitus mit Nachnamen?

- ❑ Hammer
- ❑ Haasmann
- ❑ Hartmann

**2. Vitus ruft Khaled auf dem Handy an.
Sie reden miteinander. Bringe ihre Aussagen in die richtige Reihenfolge. Schreibe dazu die Nummern 1 bis 12 in die Kästchen.**

☐ Komm doch gleich vorbei.

☐ Meine Mutter ruft gerade. Also, bis später.

☐ Zocken? Was ist das?

☐ Hallo.

☐ He, Khaled, hast du heute Nachmittag Zeit?

☐ Wieso? Was brauchst du denn?

☐ Magst du vorbeikommen? Wir könnten eine Runde zocken.

☐ Lass uns kicken.

☐ Zocken ist ein anderes Wort für spielen. Hast du Lust?

☐ Was möchtest du spielen?

☐ Fußball spielen. Was hältst du davon?

☐ Ich muss erst noch meine Sachen holen.

3. Welches Wort gehört nicht dazu? Kreise ein:

Fußball, Kochlöffel, Basketball, Tennis, Handball

Computer, Milch, Fernseher, DVD-Player

Freude, Begeisterung, Lehrer, Spaß

Wohnzimmer, Wiese, Küche, Bad

4. Richtig oder falsch? Kreuze an:

	Richtig	Falsch
Vitus wartet zu Hause auf Khaled.	❑	❑
Khaled weiß, dass Vitus mit ihm ein Computerspiel spielen möchte.	❑	❑
Khaled lässt seine Schuhe an, als er zu Vitus ins Zimmer geht.	❑	❑
Vitus erklärt Khaled, wie das Computerspiel geht.	❑	❑
Khaled gewinnt das Spiel.	❑	❑

5. Wie könnte Vitus das Computerspiel erklären? Setze die Wörter in der richtigen Form ein. (Imperativ)

konzentrieren, drücken, aussuchen, bewegen, schauen, schießen

Schau genau hin.

.... dir eine Mannschaft ....

.... den Knopf.

.... deine Spieler.

.... dich.

.... mit deinem Spieler ein Tor.

6. Hast du schon einmal jemandem etwas erklärt? Was hast du erklärt? Schreibe es auf:

....

....

7. Wie hoch gewinnt Vitus das Fußballspiel auf dem Computer? Schreibe es auf:

....

....

8. Hier stimmt die Reihenfolge nicht. Schreibe die Fragen richtig auf:

wir – Wollen – eine – Runde – noch – spielen?

....

du – magst – spielen? – Autorennen – Oder - vielleicht

....

Was – das? – ist

....

wartest – du – worauf – noch? – los, – Na

....

9. **Vitus kann gut Computerspiele spielen.**
Khaled kann gut Fußball spielen.
Was kannst du gut? Schreibe auf:

....

....

....

....

....

....

4. Basketball in Nürnberg

„Ich heiße Karima. Ich wohne in Nürnberg. Können Sie mir sagen, wie ich in die **Fußgängerzone** komme?"
Karima sieht Frau Unger, die Deutschlehrerin, an.
„Gut gemacht, Karima", lobt die Lehrerin und hält ihren ausgestreckten Daumen in die Luft.
„Für heute ist Schluss. Wir sehen uns morgen wieder."

Karima besucht mit acht anderen Jugendlichen einen Deutschkurs. Er findet nachmittags in der Schule statt. Sie hat schon große Fortschritte gemacht. Karima steckt ihren Block und die Stifte in ihre Tasche. Sie hängt sich die Tasche über die Schulter und geht zur Tür.
„Karima, was machst du jetzt?", spricht sie jemand an.
Karima dreht sich um. Hinter ihr steht Zaia.

„Ich gehe nach Hause", antwortet Karima.
„Komm mit zu mir. Wir treffen uns dort. Namika und Elenora kommen auch. Wir wollen gemeinsam tanzen", schlägt Zaia vor.
„Äh ..." Karima zögert. Sie findet Zaia sehr nett. Aber tanzen? Karima kann nicht tanzen. Das glaubt sie jedenfalls.
Und es gefällt ihr auch nicht besonders. Doch wie kann sie das Zaia erklären? Frau Unger stellt sich zu Karima und Zaia.
„Habt ihr eine Verabredung?", fragt sie die beiden.
Zaia nickt und Karima schüttelt den Kopf. Frau Unger lacht.
„Ihr wisst nicht, ob ihr euch trefft oder nicht? Dann solltet ihr noch einmal darüber reden", rät sie.

„Ich habe Karima eingeladen. Sie soll zu mir zum Tanzen kommen", meint Zaia.

Karima schaut auf ihre Schuhspitzen und sagt nichts.

Frau Unger bemerkt das.

„Vielleicht mag Karima tanzen nicht so gern? Kann das sein?", fragt Frau Unger nach.

Karima nickt. Zaia zuckt mit den Schultern. Karima hofft, dass sie nicht beleidigt ist. Aber Zaia sieht nicht böse aus.

„Dann bis morgen", sagt Zaia und klingt dabei ganz freundlich.

Jetzt ist Karima erleichtert.

„Was machst du denn gern?", will Frau Unger wissen.
Karima überlegt. Ob sie Frau Unger das wirklich erzählen soll?
Karima atmet tief ein.
„Ich mag Sport gern. Am liebsten spiele ich mit einem Ball", sagt sie.
„Du meinst Fußball?", fragt Frau Unger nach.
Karima schüttelt den Kopf.
„Nein, Basketball", sagt Karima.

Frau Unger zieht ihre **Augenbrauen** nach oben. Dann lacht sie.
„Du bist groß. Das passt!", findet sie.
Karima strahlt und nickt: „Ja, und es macht Spaß!"
Frau Unger tippt sich an die Nase.
„Meine Tochter Antonia spielt auch Basketball. In einer Mädchenmannschaft hier in Nürnberg. Es gibt bei uns in der Stadt Vereine. Da kann man Basketball spielen. Wusstest du das?", fragt sie.
„Wirklich?" Karima ist überrascht.

Aber sie kann doch nicht einfach dorthin gehen und sagen: „Hallo, lasst mich mitspielen!"
Frau Unger beobachtet Karima genau. Vielleicht kann die Lehrerin Gedanken lesen? Denn sie legt Karima eine Hand auf die Schulter und sagt: „Ich kann Antonia fragen, ob sie dich zum nächsten Training mitnimmt. Aber nur, wenn du magst!"
Ob Karima mag? Natürlich möchte Karima gern mitkommen! Sie kann es kaum erwarten!

Am nächsten Tag ist wieder Deutschkurs. Nach der Stunde wartet Frau Ungers Tochter Antonia auf dem Flur.
Sie begrüßt Karina und stellt sich vor. Dann fragt sie:

„Gleich trainiert meine Basketball-Mannschaft. Kommst du mit?"
Karima nickt und beide machen sich auf den Weg.

„Hallo zusammen. Das ist Karima. Sie will heute mit uns trainieren", sagt Antonia, als sie die Turnhalle betreten. In der Halle stehen zwölf Mädchen. Sie sind alle zwischen 14 und 16 Jahre alt. Karima kommt zögernd in die Halle. Alle Mädchen tragen Sportkleidung und Turnschuhe. Karima wird plötzlich ganz heiß.
„Ich habe keine Turnschuhe", flüstert sie Antonia zu.

„Da finden wir bestimmt eine Lösung. Welche Schuhgröße hast du?", will Antonia wissen.
„39", murmelt Karima.
Antonia klatscht in die Hände.
„So ein Glück. Ich habe zwei Paar Turnschuhe. Und wir haben dieselbe Größe. Du kannst ein Paar von mir anziehen."

Karima schlüpft erleichtert in Antonias Schuhe. Eine Frau stellt sich neben sie.
„Ich bin Andrea, die Trainerin. Herzlich willkommen!", sagt sie.
Dann beginnt das Training. Die Mädchen üben, Bälle richtig zu werfen. Sie **dribbeln** mit den Bällen durch die Halle. Erst rutscht Karima der Ball immer wieder aus der Hand. Doch sie wird mit jeder Runde sicherer.

Zum Schluss werfen alle mit dem Ball auf den Korb.
Leider wirft Karima heute immer daneben.
„Hat es dir gefallen?", will die Trainerin von Karima am Ende wissen.

Karima hat rote Wangen. Sie schwitzt. Und sie ist glücklich!
Ja, das Training war toll!

Karima geht jetzt jede Woche am Mittwoch nach dem Deutschkurs zum Training. Sie übt und übt. Mittlerweile kann sie ganz besonders gut **dribbeln**. Sie muss gar nicht mehr hinsehen, wenn sie den Ball antreibt.
„Du bist ein **Naturtalent**", lobt Antonia sie und grinst.
Auch Karimas Trainerin ist sehr zufrieden.

„Bleibt noch kurz hier", sagt Andrea zwei Wochen später am Ende des Trainings.
„Nächsten Samstag haben wir ein Testspiel. Wir werden gegen die Mädchenmannschaft des **BC** Neudorf spielen. Kommt bitte um 15 Uhr in die Halle. Das Spiel beginnt um 16 Uhr. Dann habt ihr genug Zeit, um euch aufzuwärmen."
Karima hebt ihre Hand, um etwas zu sagen.
„Darf ich auch mitspielen?", fragt sie.
Andrea lacht: „Aber natürlich. Ich zähle auf dich."

Am Samstag sind Karima, Antonia und die anderen Mädchen aus der Mannschaft pünktlich in der Halle. Kurz darauf kommen die Mädchen vom **BC** Neudorf an.
„Denen zeigen wir es!", flüstert Antonia Karima ins Ohr.
Am Rand der Halle stehen heute mehrere Bänke. Einige sind für die Zuschauenden. Eine Bank ist für Karimas Mannschaft, die andere für die Gegnerinnen.

Karima fängt an, durch die Halle zu laufen. Dabei sieht sie, wie immer mehr Leute die Halle betreten. Sie setzen sich auf die Bänke.

„Hallo, Karima. Viel Glück bei deinem ersten Spiel“, ruft eine Stimme. Frau Unger! Karima staunt: Und Zaia, Namika und Elenora aus dem Deutschkurs sind auch da.
Jetzt ist Karima richtig aufgeregt. Aber das hat sie schnell vergessen. Denn schon ruft Andrea alle Spielerinnen zu sich.
„Ihr wisst, was ihr tun müsst. Zeigt, was ihr könnt!“, sagt die Trainerin. Sie bestimmt, welche fünf Mädchen zu Beginn aufs Spielfeld dürfen.

Das Spiel beginnt. Karima sitzt die ersten Minuten auf der Bank. Sie kaut nervös an ihrem Daumen. Dann wechselt Andrea die Spielerinnen aus.
„Karima, bist du bereit?“, fragt sie.
Karima nickt. Sie will ihr Bestes geben! Karima bekommt immer wieder den Ball zugespielt. Doch irgendwie gelingt es ihr nicht, den Korb zu treffen. Aber die anderen Mädchen aus ihrer Mannschaft treffen. Doch auch die Gegnerinnen sind stark!

Kurz vor Ende des Spiels steht es 47:48 für die gegnerische Mannschaft. Noch wenige Sekunden und das Spiel ist aus. Karima versucht, mit dem Ball zum Korb zu **dribbeln**. Da wird sie von einem Mädchen festgehalten. Der Schiedsrichter pfeift. **Foul**! Karima bekommt zwei Freiwürfe. Sie stellt sich hinter die Linie vor dem Korb. Karima atmet tief ein und aus. Sie konzentriert sich. Dann wirft sie. Treffer! Karima hat einen Punkt für ihre Mannschaft erzielt!
„Los, mach den zweiten Freiwurf auch in den Korb!“, ruft Andrea ihr zu.
Karima denkt nur an ihren Wurf. Alle Zuschauenden in der Halle sind vergessen. Karima hebt den Ball hoch über ihren Kopf. Sie schließt kurz die Augen, öffnet sie wieder und wirft.

Ja! Noch ein Korb. Es steht 49:48. Gleich darauf pfeift der Schiedsrichter. Das Spiel ist aus. Karimas Mannschaft hat gewonnen!

Karima hört, wie die Zuschauenden klatschen und jubeln. Frau Unger und die Mädchen aus dem Deutschkurs kommen auf Karima zu. Zaia klopft Karima auf die Schulter.
„Du kannst wirklich gut spielen. Das passt viel besser zu dir als tanzen."
Karima nickt und lacht. Das findet sie auch.

→ Arbeitsaufträge:

1. Karimas Satz in der Deutschstunde lautet: „Können Sie mir sagen, wie ich in die Fußgängerzone komme?" Was gibt es in einer Fußgängerzone? Kreuze an:

- ❑ Blumenbeete
- ❑ Geschäfte
- ❑ Traktoren
- ❑ Cafés
- ❑ Häuser

2. Frau Unger hält ihren Daumen hoch. Sie zeigt damit, dass etwas gut ist. Wie kann man das noch zeigen? Kreise ein:

ein Bein heben nicken Kopf schütteln

lächeln klatschen

3. Diese Mädchen besuchen mit Karima den Deutschkurs. Richtig oder falsch?

	Richtig	Falsch
Melanie	❑	❑
Zaia	❑	❑
Antonia	❑	❑
Namika	❑	❑
Elenora	❑	❑

4. Was würde Karima in ihrer Freizeit am liebsten machen? Kreuze an:

- ❑ Sie möchte Klavier spielen.
- ❑ Sie möchte tanzen.
- ❑ Sie möchte Basketball spielen.
- ❑ Sie möchte kochen.
- ❑ Sie möchte Fußball spielen.

5. Finde 5-mal das Wort Ball. Kreise ein:

M	W	L	L	A	B
B	S	C	I	N	O
A	M	E	K	I	P
L	A	T	Q	O	L
L	D	E	B	S	J
Y	F	B	A	L	L
O	H	G	L	K	M
S	B	A	L	L	W
K	A	L	H	B	C

6. Beantworte die Fragen. Schreibe in Sätzen.

◎ Wie viele Mädchen sieht Karima in der Halle?

....

◎ Welche Schuhgröße hat Karima?

....

◎ Wer leiht Karima Turnschuhe?

....

◎ Wie heißt die Basketballtrainerin?

....

◎ Wann ist Karimas erstes Spiel?

....

◎ Wie viele Körbe wirft Karima in ihrem ersten Spiel?

....

7. Was passt zusammen? Verbinde:

Spieler oder Spielerinnen, die zusammengehören ☐	☐ Freiwurf
beim Sport etwas tun, das gegen die Regeln verstößt ☐	☐ Mannschaft
Wurf auf den Korb nach einem Regelverstoß ☐	☐ siegen
sich laut über etwas freuen ☐	☐ jubeln
ein Spiel gewinnen ☐	☐ Foul

8. Karimas erstes Spiel ist um 16 Uhr. Um 15 Uhr soll sie in der Halle sein. Welche Uhrzeit ist hier jeweils gemeint?

~~15 Uhr~~, 16 Uhr, 23 Uhr, 8 Uhr, 18 Uhr, 19 Uhr

Drei Uhr am Nachmittag: **15 Uhr**

Vier Uhr am Nachmittag: ....

Sechs Uhr am Abend: ....

Acht Uhr am Morgen: ....

Elf Uhr am Abend: ....

Sieben Uhr am Abend: ....

**9. Karimas Mannschaft hat gewonnen.
Karima ist glücklich. Wann bist du glücklich?
Schreibe auf.**

....

....

....

....

....

....

5.

Musik machen in Rostock

Es ist Mittag. Rahim geht wie jeden Tag nach der Schule nach Hause. Er lebt jetzt in Rostock. Das ist eine Stadt ganz im Norden von Deutschland. Durch Rostock fließt die **Warnow**. Rahim liebt es, am Wasser entlang zu gehen. Der Fluss mündet in die Ostsee.

Rahim schließt die Augen. Er stellt sich vor, den Fluss entlang bis zum Meer zu gehen. Dazu müsste er nur bis zum Stadtteil **Warnemünde** im Norden der Stadt gehen. Trotzdem wären das bestimmt zehn Kilometer.

Als Rahim seine Augen wieder öffnet, sieht er Ben. Ben geht ein Stück vor ihm. Ben und Rahim sind zusammen in einer Klasse. Rahim geht schneller, bis er neben Ben angelangt ist.
„Hallo", grüßt er seinen Klassenkameraden.
Aber der reagiert nicht. Rahim sieht Ben irritiert an.
Da bemerkt er, dass Ben **Kopfhörer** trägt.

Bestimmt kann Ben ihn nicht hören. Darum überholt Rahim Ben und stellt sich vor ihn. Jetzt hat Ben Rahim bemerkt. Er bleibt stehen und nimmt seine **Kopfhörer** ab.
„Hey, Rahim!", grinst Ben.

Rahim deutet auf die **Kopfhörer**.
„Was hörst du?", will er wissen.
Ben hält Rahim seine **Kopfhörer** hin.
„Meine Lieblingsmusik. Eine neue Band aus Hamburg. Hör mal", erklärt Ben.
Rahim setzt sich Bens **Kopfhörer** auf und lauscht.
Was Rahim hört, gefällt ihm! Die Musik ist schnell und laut.

„Klingt gut“, sagt Rahim und gibt Ben die **Kopfhörer** zurück.
„Ich habe noch mehr davon. Hast du Lust, dir noch andere Lieder anzuhören?“, fragt Ben.
Rahim nickt.
„Dann komm mit. Bei mir ist niemand zu Hause. Wir können uns etwas zu essen machen und anschließend Musik hören“, schlägt Ben vor.

Rahim schreibt auf seinem Handy eine Nachricht, dass er später nach Hause kommt. Dann gehen die beiden los. Ben wohnt nur vier Straßen weiter. Fünf Minuten später sind Rahim und Ben dort.
„Komm rein. Was willst du essen?“, fragt Ben, nachdem er die Wohnungstür aufgeschlossen hat.

Rahim zuckt mit den Schultern.
„Wir machen uns einfach ein paar Brote“, meint Ben.
Gemeinsam gehen die beiden in die Küche. Ben öffnet den Kühlschrank und holt Butter und Käse heraus.
„Magst du auch Salami?“, fragt er.
Rahim schüttelt den Kopf: „Nein, danke. Käse ist gut.“

Schnell schmiert Ben vier Brote und legt sie auf einen Teller.
„Wir nehmen das Essen mit in mein Zimmer. Komm“, sagt er und geht voraus. Rahim folgt ihm den Flur entlang. Dort hängen viele Bilder an der Wand. Auf einem der Bilder ist Bens Familie zu sehen. Der Mann auf dem Bild muss Bens Vater sein.
Die Frau ist sicher Bens Mutter. Neben Ben steht eine junge Frau.

Ben bemerkt, dass Rahim sich das Familienfoto ansieht.
„Das bin ich mit meinen Eltern und meiner Schwester Laura.
Sie wohnt unter der Woche in Berlin. Dort studiert sie.
Aber am Wochenende kommt sie immer heim“, erklärt er.
Das findet Rahim interessant. Er möchte auch einmal studieren.
Am liebsten möchte er Lehrer werden.

„Das ist mein Reich“, sagt Ben und schiebt mit einem Fuß eine Zimmertür auf.
Rahim tritt hinter Ben ein. Er sieht sich um. Vor Staunen klappt er seinen Mund auf.
„Gehört das alles dir?“, fragt er verblüfft.
In Bens Zimmer stehen überall Instrumente. An der Wand lehnt eine Gitarre. In der Ecke steht ein **Schlagzeug**.
Und mitten im Zimmer stehen zwei Trommeln.

„Klar. Ich höre nicht nur gern Musik. Ich finde auch Musik machen super", sagt Ben.
„Kannst du alle Instrumente spielen?", will Rahim wissen.
Ben nickt und grinst. Er sieht stolz aus, findet Rahim.
Ben stellt den Teller mit den Broten auf seinen Schreibtisch.
Dann geht er zum **CD-Player** und drückt einige Knöpfe.
Sofort ertönt laute Musik. Rahim kann sie nicht nur hören, sondern auch spüren. Die tiefen Töne kitzeln ihn am ganzen Körper.

„Ich würde lieber hören, was du spielen kannst", sagt Rahim.
Er muss ziemlich laut sprechen, damit er die Musik übertönt.
Ben ist einverstanden. Er dreht die Musik leiser. Dann holt er seine Gitarre und setzt sich auf seinen Schreibtischstuhl.

Ben zupft an den **Saiten** der Gitarre. Er spielt die Melodie des Liedes mit. Das klingt sehr schön! Rahims Blick wandert zum **Schlagzeug**.
„Darf ich?", fragt er und deutet darauf.
„Kannst du das denn?", will Ben wissen.
Rahim zuckt mit den Schultern.

Er umrundet das **Schlagzeug** und setzt sich vorsichtig auf den Hocker dahinter. Auf der kleinen Trommel vor ihm liegen zwei Holzstöcke. Rahim nimmt sie in die Hand.
„Das sind **Sticks**. Los, trau dich", fordert Ben ihn auf.
Rahim lässt die **Sticks** in der Luft kreisen. Das fühlt sich gut an.

Dann schlägt er vorsichtig damit auf die kleine Trommel.
Bumm, bumm, bumm. Er spielt langsam und gleichmäßig.
Einmal schlägt er mit der rechten, einmal mit der linken Hand.

Es dauert einige Schläge, bis Rahim einen **Rhythmus** gefunden hat. Ben staunt:
„Das klingt ja richtig gut."
Ben legt seine Hände wieder an die **Gitarrensaiten**.
Gemeinsam versuchen die beiden, das Lied mitzuspielen.

Als das Lied zu Ende ist, zieht Ben seine Finger über alle **Saiten** der Gitarre. Rahim spielt noch ein paar Trommelschläge.
Dann ist es still. Ben steht auf und schaltet den **CD-Player** ab.
„Ich finde, wir sind ein tolles Team. Du hast ein gutes Gefühl für **Rhythmus**. Wenn du etwas übst, wirst du bestimmt ein guter Schlagzeuger", lobt Ben.
Rahim grinst und legt die **Sticks** zurück auf die Trommel.

Dann fällt ihm etwas ein.
„Mir hat es auch gefallen. Aber ich kann nicht üben.
Ich habe kein **Schlagzeug**“, sagt er. Dabei klingt er enttäuscht.
Ben stellt seine Gitarre beiseite und runzelt die Stirn.
„Wie wäre es, wenn du immer mal wieder bei mir vorbeikommst.
Dann kannst du auf meinem **Schlagzeug** üben. Ich glaube, ich habe sogar noch ein Buch, mit dem man das Spielen lernen kann.“

Ben steht auf und geht zu einem Regal, in dem viele Bücher stehen. Er zieht ein großes Buch heraus.
„Hier“, sagt er und hält es Rahim hin.
Vorn auf dem Buch ist ein Foto von einem **Schlagzeug**.
Rahim nimmt das Buch und blättert darin. Viele Fotos zeigen, wie man richtig spielt. Das kann Rahim gut verstehen.

Ben lächelt. Er hat eine Idee: „Du kannst dir das Buch und meine alten **Sticks** ausleihen. Dann kannst du auch zu Hause üben. Nicht auf einem **Schlagzeug**. Aber vielleicht mit einem Stuhl oder einem Hocker.“
„Wirklich?“
Rahim findet den Vorschlag sehr gut.

„Hey, jetzt spielen wir aber noch einmal“, ruft Ben und startet die CD wieder. Das muss er Rahim nicht zweimal sagen.
Sofort setzt er sich wieder hinter das **Schlagzeug**. Als das Lied zu Ende ist, fällt Ben etwas ein: „Wir haben noch gar nicht gegessen.“

Stimmt. Rahim merkt, dass er wirklich Hunger hat. Aber während des Trommelns hat er das total vergessen. Ben hält Rahim eines der Brote hin. Rahim grinst, während er kaut. Er denkt daran, wie schön es ist, **Schlagzeug** zu spielen. Vielleicht will er später sogar Musiklehrer werden. Aber jetzt muss er erst einmal üben. Rahim kann es kaum erwarten!

➜ Arbeitsaufträge:

1. Wo ist Rahim am Anfang der Geschichte?
Kreuze an:

❑ auf dem Weg zur Schule.
❑ in der Schule.
❑ auf dem Weg von der Schule nach Hause.
❑ auf dem Weg ins Schwimmbad.
❑ auf dem Weg zu Ben.

2. Rahim wohnt in Rostock. Was stimmt?
Kreuze die richtigen Antworten an.
Mehrere Antworten sind richtig.

❑ Rostock ist eine Stadt.
❑ Rostock ist ein Dorf.
❑ Rostock ist im Norden von Deutschland.
❑ Rostock ist im Süden von Deutschland.
❑ Durch Rostock fließt der Fluss Rhein.
❑ Durch Rostock fließt der Fluss Warnow.
❑ Rostock liegt an der Ostsee.
❑ Rostock liegt an der Nordsee.

3. Aus welcher Stadt kommt die Band, die Ben hört?
Schreibe auf:

....

....

4. Was machen Rahim und Ben? Fülle die Lücken aus. (Präpositionen)

an, auf, nach, neben, vor, hinter

Rahim geht schneller, bis er .... Ben angekommen ist.

Rahim überholt Ben und bleibt .... ihm stehen.

Die beiden gehen zu Ben .... Hause.

In Bens Zimmer spielt Ben .... seiner Gitarre.

Rahim setzt sich .... das Schlagzeug.

Die beiden haben Freude .... der Musik.

5. Was bedeutet das Gleiche oder etwas Ähnliches? Ordne zu. (Wortfelder)

schlendern

gehen ○ — wandern

spazieren

essen ○ futtern

speisen

denken ○ verzehren

grübeln

überlegen

6. Lies noch einmal nach und beantworte:

◎ Was möchte Rahim einmal werden?

....

◎ Welche Instrumente kann Ben spielen?

....

◎ Welches Instrument probiert Rahim aus?

....

◎ Was verleiht Ben an Rahim?

....

◎ Was essen die beiden am Schluss der Geschichte?

....

7. Was glaubst du: Wie fühlt sich Rahim, wenn er daran denkt, Schlagzeug zu lernen?
Kreise ein:

traurig	müde	wütend
freudig	glücklich	aufgeregt
heiter	ängstlich	

8. Weißt du, was Rahim und Ben gemeinsam machen? Schreibe auf. (Präsens, 3. Person Plural)

Ben spielt Gitarre. Zusammen .... sie Gitarre und Schlagzeug.

Ben isst ein Käsebrot. Rahim und Ben .... beide ihre Käsebrote.

Ben überlegt. Gemeinsam .... Ben und Rahim.

Rahim freut sich. Ben und Rahim .... sich beide.

9. Rahim möchte gern Lehrer werden. Vielleicht sogar Musiklehrer. Welche Berufe kennst du noch? Schreibe mindestens fünf auf:

....

....

....

....

....

....

Glossar

Erklärung schwieriger Wörter

Geschichte	Seite	schwieriges Wort	Bedeutung
1. Radfahren in Frankfurt	8	Wolkenkratzer	sehr hohes Hochhaus
	8, 9	Fahrradschloss	Schloss, mit dem man sein Fahrrad abschließen kann
	8	reparieren	wieder ganz machen
	9	Probefahrt	Fahrt zum Testen
	9	schnuppern	einatmen, riechen
	10	Geschirrtuch	Tuch zum Abtrocknen von Tellern und Tassen
	10, 13	Taunus	Mittelgebirge in der Nähe von Frankfurt
	11	Steigung	wenn es bergauf geht
	11	überholen	vorbeifahren
2. Stadtmarathon in Hannover	20	Talent	besondere Begabung
	21	Puste	Atem
	22	Mittelstreckenlauf	Lauf, der zwischen 800 m und einer Meile lang ist
	22	Umkleide	Raum zum Umziehen

Geschichte	Seite	schwieriges Wort	Bedeutung
3. Kicken in Dortmund	32	Schaufenster	Fenster eines Geschäfts, in dem Dinge ausgestellt werden
	32	zocken	spielen
	32, 34	kicken	Fußball spielen
	33	Flip-Flops	leichte Sommerschuhe
	36	FC	Abkürzung für Fußballclub
4. Basketball in Nürnberg	46	Fußgängerzone	Straße, in der keine Autos fahren dürfen und in der es viele Geschäfte gibt
	48	Augenbrauen	Haare über den Augen
	49, 50, 51	dribbeln	den Ball durch Daraufklatschen nach vorn bewegen
	50	Naturtalent	große Begabung, für die nicht geübt werden muss
	50	BC	Abkürzung für Ballclub
	51	Foul	Regelverstoß beim Sport

Geschichte	Seite	schwieriges Wort	Bedeutung
5. Musik machen in Rostock	58	Warnow	Fluss, der durch Rostock fließt
	58	Warnemünde	Stadtteil von Rostock
	58, 59	Kopfhörer	kleine Lautsprecher für das Ohr zum Musik hören
	60, 61, 63, 64	Schlagzeug	Musikinstrument zum Trommeln
	61, 62	CD-Player	Gerät zum Abspielen von Musik-CDs
	61, 62	Saite, Gitarrensaite	Draht zum Zupfen oder Streichen auf einer Gitarre
	61, 62, 63	Sticks	Holzstöcke, mit denen man auf Trommeln schlagen kann
	62	Rhythmus	gleichmäßiges Schlagen in bestim-mten Abständen, Takt vorgeben